Last Minute Geldgeschenke

Immer wieder stellt sich uns die Frage: „Was schenken wir nu[…] Die Gefahr, nicht das richtige Geschenk zu finden, i[…] lar keinen Wunsch äußert. Bis zur letzten S[…] as-sende zu finden ...

Mit einem Geldgeschenk liegt man fast i[…]n paar Mäuse verschenken? Aber nicht einfach im Umschlag, sondern originell verpackt! Die Materialien für die Geldgeschenke in diesem Buch finden Sie entweder zu Hause oder aber Sie schauen kurz beim Händler um die Ecke vorbei. Noch einen witzigen Spruch aufkleben und Sie können sicher sein, dass das Geschenk gut ankommt.

Ich wünsche viel Freude beim Schenken!

S. Holl

Die Motive lassen sich in folgende Schwierigkeitsgrade unterteilen:

● ○ ○ einfach ● ● ○ etwas schwieriger ● ● ● anspruchsvoll

GRUND-AUSSTATTUNG

Folgende Materialien und Werkzeuge werden für fast alle Geldgeschenke benötigt. Sie werden in den Materiallisten der Modelle nicht mehr extra aufgeführt.

- Schere
- Bleistift und Radiergummi
- Transparent- oder Kohlepapier
- dünner Karton oder Tonkarton (für Schablonen)
- Schreibmaschinenpapier
- Filzstift in Schwarz oder Drucker zum Beschriften
- Doppelseitiges Klebeband (z. B. Foto-Klebepads)
- Klebstoff, z. B. UHU Alleskleber
- Pinsel
- Heißklebepistole

Hinweis: Mit „Rest" ist immer ein Stück gemeint, das maximal DIN A5 groß ist.

So wird's gemacht

Es gibt zwei Möglichkeiten, wie Sie die Vorlagen auf das benötigte Material übertragen können:

1 Transparentpapier auf die Vorlage legen und die Motivteile mit dem Bleistift durchpausen. Dabei darauf achten, dass es keine Überschneidungen zwischen den einzelnen Teilen gibt. Das Transparentpapier außerhalb des Motivs mit Klebstoff oder Klebefilm auf dem Fotokarton befestigen und das Motiv ausschneiden.

2 Kohlepapier zwischen den Vorlagenbogen und den Fotokarton legen und die Konturen der einzelnen Motivteile mit einem spitzen Bleistift nachfahren. Darauf achten, dass sich die einzelnen Teile nicht überschneiden. Anschließend das Motiv ausschneiden.

Beschriftung

Die witzigen Sprüche der Geldgeschenke entweder mit einem schwarzen Filzstift auf einen Papierstreifen schreiben oder mit dem Drucker ausdrucken. Die Papierstreifen lassen sich am besten mit etwas doppelseitigem Klebeband (z. B. Foto-Klebepads) am Geschenk befestigen.

Geldscheine falten

1 Den Geldschein quer in schmale Falten legen, sodass eine Ziehharmonika entsteht. Ein exaktes Ergebnis erzielt man, wenn man die erste Faltung mit einem Bleistift entlang eines Geodreiecks anzeichnet und die weiteren Faltungen daran ausrichtet.

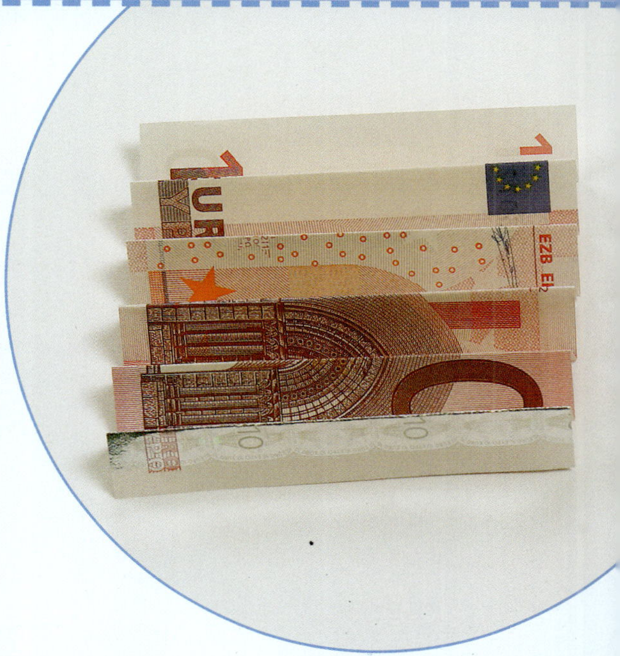

2 Den in Falten gelegten Geldschein in der Mitte knicken. Die rechte und die linke Hälfte nach oben nehmen und mit doppelseitigem Klebeband miteinander verbinden.

Mäuse zum Verbraten

→ nicht nur für Naschkatzen

MATERIAL
- beschichtete Pfanne in Schwarz, ca. ø 20 cm
- Organzaband in Weiß, 2,5 cm breit, 1,2 m lang
- Golddraht, ø 0,5 mm
- 7 Schaummäuse
- Geldschein und Münzen

1 Drei Mäuse und die Münzen mit doppelseitigem Klebeband in der Pfanne befestigen. Die restlichen Mäuse auf dem Pfannenrand und am Stiel anbringen. Eventuell mit Heißkleber fixieren.

2 Das Organzaband zu einer Pomponschleife binden. Dazu das Band locker um die Handfläche herum aufwickeln, vorsichtig abnehmen und in der Mitte zwischen Daumen und Zeigefinger zusammenpressen. Mit der Schere genau in der Mitte auf beiden Seiten kleine Ecken herausschneiden. An dieser Stelle mit dem Golddraht abbinden.

3 Abwechselnd einmal oben und einmal unten einzelne Schlaufen aus dem Bandpaket herausziehen und um die eigene Achse drehen. Die Schlaufen so nach oben aufstellen, dass sie einen schönen Pompon bilden.

4 Den Geldschein wie auf Seite 3 beschrieben falten und mit doppelseitigem Klebeband in der Schleife fixieren. Die Schleife mit dem Golddraht am Pfannenstiel befestigen. Auf einen Streifen Schreibmaschinenpapier „Mäuse zum Verbraten“ schreiben, die Enden mit der Schneidefläche einer Schere einrollen und mit Klebeband am Pfannenrand befestigen.

„Mäuse zum Verbraten"

Jeder fing mal klein an

→ wertvolle Entwicklungshilfe

MATERIAL
- Babyflasche, 20 cm hoch
- 2 Schnuller
- Dekoband in Rot-Weiß kariert, 6 mm breit, 80 cm lang
- Geldmünzen

1 Die Babyflasche mit den Münzen füllen. Einen Schnuller auf das Dekoband fädeln und um den Flaschenhals binden. Den anderen Schnuller an ein Schleifenende knoten.

2 Auf einen Streifen Schreibmaschinenpapier „Jeder fing mal klein an" schreiben und mit doppelseitigem Klebeband an der Flasche befestigen.

Tipp: Über dieses Fläschchen freuen sich nicht nur junge Eltern. Es ist auch ein originelles Geschenk für Berufsanfänger, Existenzgründer und alle, die viel vorhaben, aber noch ganz am Anfang stehen.

„Jeder fing mal klein an“

Schotter, Kies und Co.

→ kann man nie genug haben

MATERIAL
BACKSTEIN

- Backstein
- 6 Seidenrosen in Weiß
- Grashalme aus Seide
- Organzaband in Beige, 4 cm breit, 1,2 m lang
- Fotokarton in Orange, A4
- Geldscheine

TOPF MIT KERZE

- Tontopf, ø 14 cm
- Steckschaum
- Stumpenkerze in Apricot, ø 6 cm, ca. 6 cm hoch
- Organzaband in Weiß, 4 cm breit, 80 cm lang
- Seidenrose in Lachs
- Kieselsteine
- Tonpapierstreifen in Orange
- Golddraht, ø 0,5 mm
- Geldschein

Backstein

1 Den Fotokarton entsprechend der Grundfläche des Backsteins zuschneiden und mit Heißkleber auf dessen Unterseite kleben.

2 Die Geldscheine aufrollen und in die mittleren Löcher des Backsteins stecken. Die Seidenrosen vorn und hinten gleichmäßig auf die Löcher verteilen und mit etwas Heißkleber fixieren. Die Gräser auf eine Länge von 16 cm bis 30 cm schneiden und in die verbliebenen Löcher stecken.

3 Auf einen Streifen Schreibmaschinenpapier „Damit kannst Du Dir so manchen Stein aus dem Weg räumen“ schreiben und mit doppelseitigem Klebeband am Backstein befestigen. Das Organzaband um den Stein zur Schlaufe binden

Topf mit Kerze

1 Den Tontopf mit Steckschaum füllen. Die Kerze und etwa die Hälfte der Kieselsteine in den Steckschaum drücken. Die restlichen Steine mit Heißkleber auf den Kieseln festkleben. Die Geldstücke dazwischen einstecken, eventuell mit Klebeband fixieren. Den Geldschein wie auf Seite 3 beschrieben falten und mit doppelseitigem Klebeband zwischen den Steinen befestigen.

2 Die Seidenrose einstecken, das Organzaband zur Schleife legen (siehe Zeichnungen auf Seite 20), mit Golddraht in der Mitte zusammenbinden und mit Heißkleber am Topf befestigen. Den Tonpapierstreifen mit „Sei helle und räume dir deine Steine selbst aus dem Weg“ beschriften und am Topf befestigen.

„Damit kannst Du Dir so manchen
Stein aus dem Weg räumen“
„Sei helle und räum
deine Steine
selbst aus dem Weg“

Für die Fahrt ins Blaue

→ kleines Urlaubsgeld

MATERIAL

- Modellauto in Blau
- 2 Marienkäfer aus Holz, ca. ø 1,5 cm
- Seidenkordel in Blau, 22 cm lang
- alte Straßen- oder Landkarte
- große Streichholzschachtel
- Fotokartonrest in Weiß
- Geldscheine

1 Die Streichholzschachtel mit Schreibmaschinenpapier bekleben. Das Auto mit doppelseitigem Klebeband darauf befestigen. Rechts und links davon einen Marienkäfer anbringen. Die Geldscheine aufrollen, mit Klebeband fixieren und mit der Kordel zusammenbinden. Das Bündel auf dem Autodach mit doppelseitigem Klebeband befestigen.

2 Für den Hintergrund den Fotokartonrest auf die Breite der Streichholzschachtel zuschneiden. Die Höhe bestimmen und ebenfalls zuschneiden. Der Karton sollte etwas höher als die Streichholzschachtel mit dem Auto und den Geldscheinen sein. Den Fotokarton mit einem Ausschnitt aus einer alten Straßen- oder Landkarte bekleben und hinter der Streichholzschachtel anbringen.

3 Auf einen Streifen Schreibmaschinenpapier „Für die Fahrt ins Blaue" schreiben und mit doppelseitigem Klebeband an der Schachtel befestigen.

Bergedorfer
(5km)
U22
U93 >
Möllner
50
U64
U57
OBERG
die Fahrt ins Blaue “

Für meine Leseratte

→ Viel Spaß beim Schmökern!

MATERIAL

- Plüschmaus, ca. 10 cm hoch
- kleines Notizbuch, 6 cm x 8 cm
- Tonpapierstreifen in Rosa
- Geldschein

1 Den Geldschein zweimal zur Hälfte falten und in das Buch stecken, sodass er wie ein Lesezeichen noch ein wenig herausschaut.

2 Die Maus mit doppelseitigem Klebeband auf dem Notizbuch fixieren. Auf den Tonpapierstreifen „Für meine Leseratte" schreiben und an der Maus befestigen.

Tipp: Achten Sie beim Kauf darauf, dass die Plüschmaus und das Notizbuch von der Größe her zueinander passen.

„Für meine Leseratte“

Trostpflaster

→ Nur nicht den Kopf hängen lassen!

MATERIAL

- Pflasterpäckchen
- Pflaster vom Meter
- Mullbinde
- Piccolosektflasche
- Geldscheine

1 Das Pflaster vom Meter um die Flasche wickeln und mit einem kleinen Pflaster festkleben. Das Pflasterpäckchen ebenfalls mit einem Pflaster an der Flasche befestigen. Die Mullbinde mehrmals um die Flasche und das Päckchen wickeln und festbinden.

2 Die Geldscheine wie auf Seite 3 beschrieben falten und mit doppelseitigem Klebeband seitlich an der Flasche fixieren. Zwei Pflasterstreifen in die Mullbinde einstecken.

3 Auf einen Streifen Schreibmaschinenpapier „Trostpflaster" schreiben, die Enden mit der Schneidefläche einer Schere einrollen und vorn mit doppelseitigem Klebeband auf dem Pflaster befestigen.

Tipp: Wenn Sie das Trostpflaster einem Kind schenken möchten, können Sie statt des Piccolosekts z. B. eine kleine Saftflasche verwenden.

Verbesserte
Klebkraft
Adhésion parfaite
REF 45907
Hansaplast
strip
„Trostpflaster“

Viel Spaß beim Open-Air-Konzert

→ für Musikfans

1 Den Holzrahmen mit Acrylfarbe bemalen und trocknen lassen. Das Notenblatt auf die Größe des Rahmens zuschneiden und rahmen.

2 Den Geldschein wie auf Seite 3 beschrieben falten und mit doppelseitigem Klebeband in der oberen Ecke fixieren. Die Ohrstöpsel mittig auf dem Notenblatt anbringen.

3 Die Wunderkerzen mit dem Organzaband zusammenbinden und zusammen mit der Miniaturgitarre auf dem Notenblatt fixieren. Zuletzt „Viel Spaß beim Open-Air-Konzert" auf einen Streifen Schreibmaschinenpapier schreiben und auf den Rahmen kleben.

MATERIAL

- Holzrahmen, ca. 14 cm x 21 cm
- Acrylfarbe in Blau
- 2 Ohrstöpsel
- 4 Wunderkerzen
- Miniaturgitarre
- altes Notenblatt
- Organzaband, 1 cm breit, 40 cm lang
- Geldschein

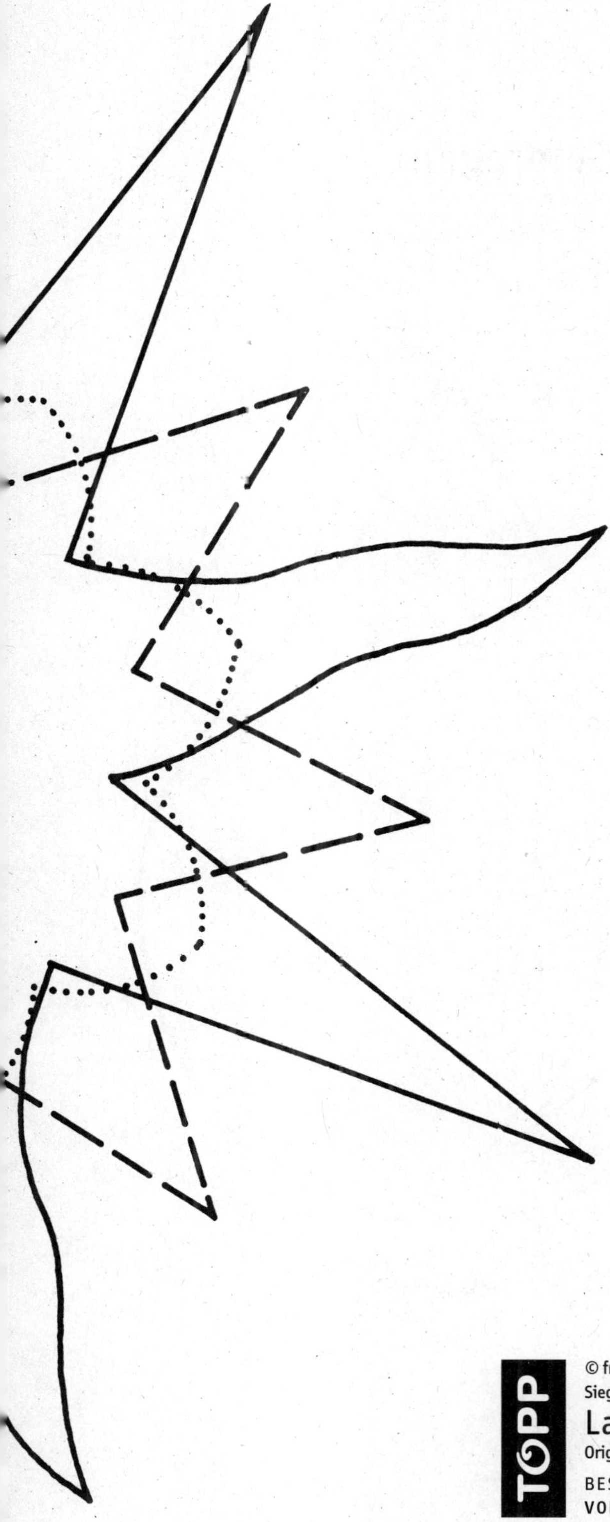

TOPP

© frechverlag Stuttgart
Sieglinde Holl
Last-Minute Geldgeschenke
Originelle Ideen blitzschnell umgesetzt
BEST.-NR. 3573
VORLAGENBOGEN A

Ein warmer Geldregen
SEITE 22/23

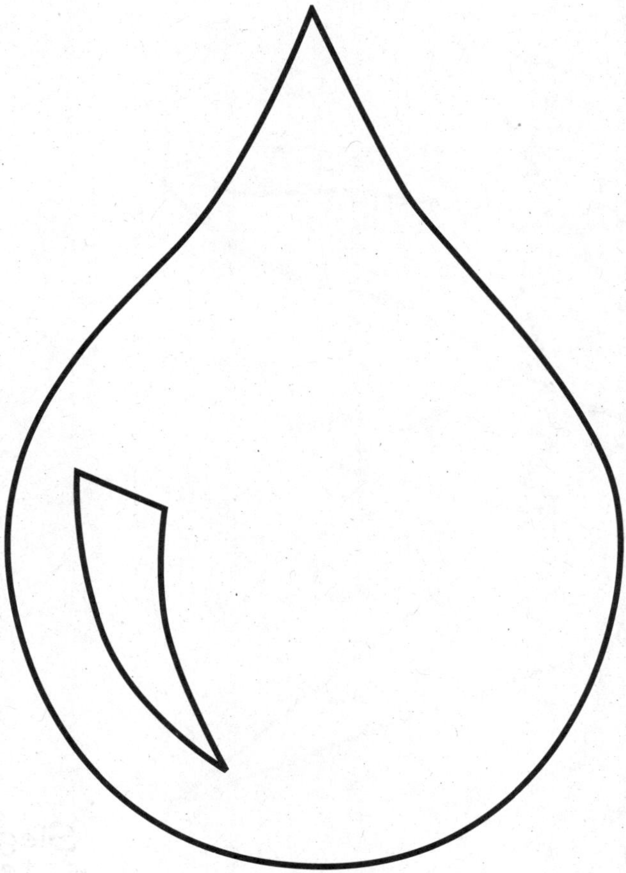

Sieglinde Holl
Last-Minute Geldgeschenke
Originelle Ideen blitzschnell umgesetzt
BEST.-NR. 3573
VORLAGENBOGEN B

Ein warmer Geldregen
SEITE 22/23

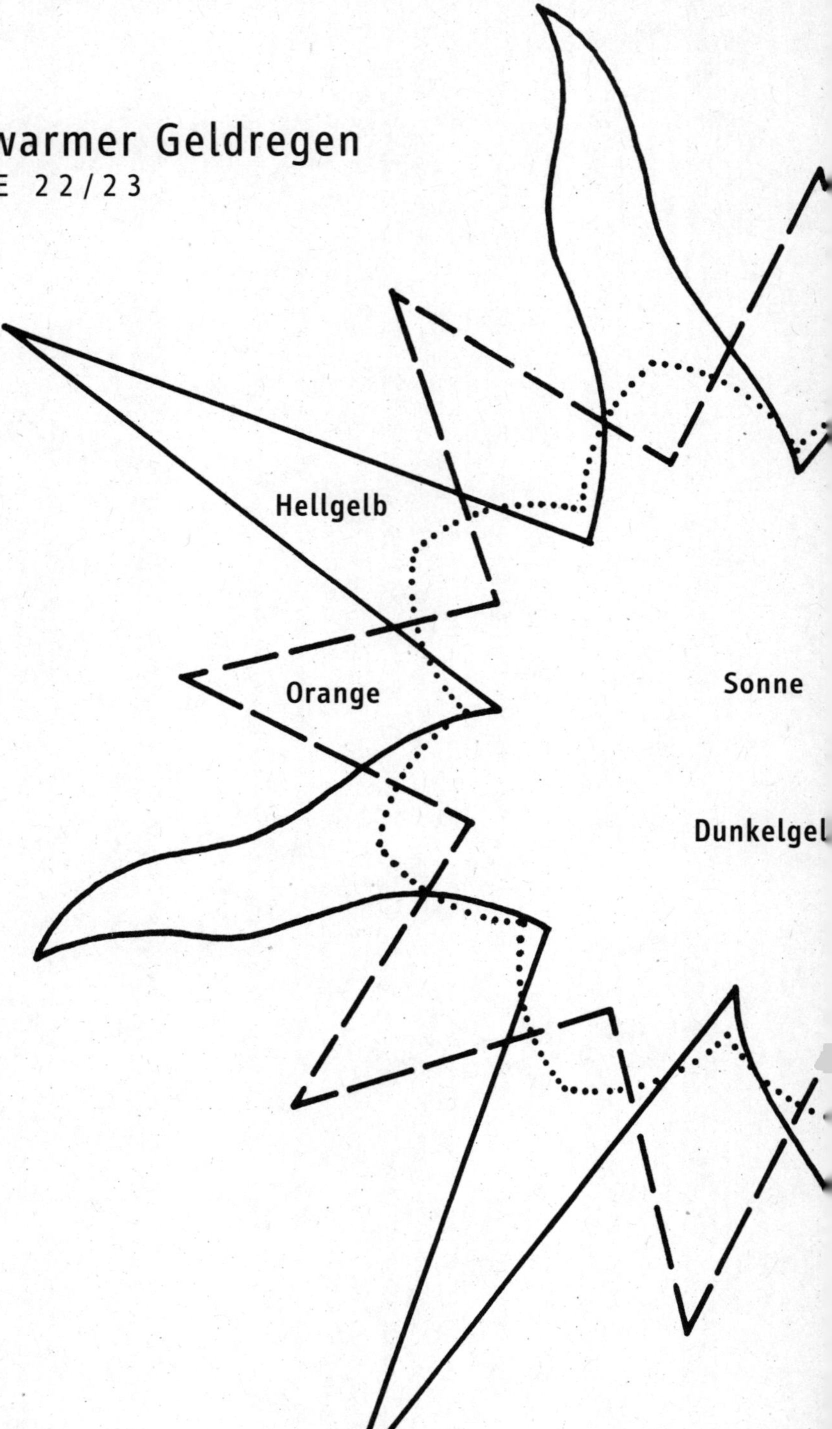

„Viel Spaß beim Openair-Konzert“

Jede Menge Knete

→ da sagt keiner Nein

MATERIAL

- Plastikeimer, ca. ø 14 cm, 14 cm hoch
- alte Zeitung
- 14 Knetstangen
- 14 Münzen
- Geldscheine

1 Die Zeitung etwas knüllen und in den Eimer legen. Das gibt den Knetstangen später Halt, sodass sie besser arrangiert werden können.

2 Die Knetstangen im Eimer anordnen – dabei in der Mitte beginnen und darauf achten, dass sie unterschiedlich weit über den Rand hinausragen. Die Münzen oben in die Knetstangen drücken.

3 Die Geldscheine aufrollen, mit Klebeband fixieren und zwischen die Knetstangen stecken. Auf einen Streifen Schreibmaschinenpapier „Jede Menge Knete" schreiben und mit doppelseitigem Klebeband am Eimer befestigen.

Tipp: Um Knetstangen zu sparen, können Sie diese in der Mitte teilen. Füllen Sie zum Ausgleich den Eimer bis zur Hälfte mit Zeitungspapier, bevor Sie die halbierten Stangen einstecken.

„Jede Menge Knete“

Damit Du nicht in die roten Zahlen kommst

→ kleiner Finanzausgleich

MATERIAL

- Holzrahmen, 30 cm x 21 cm
- Zahlen aus Holz, 6 cm hoch
- Acrylfarbe in Rot
- geprägter Motivkarton mit Rosen in Hellgrün, A4
- Tonpapierstreifen in Hellgrün
- Organzaband in Hellgrün, 4 cm breit, 60 cm lang
- Dekoband in Grün kariert, 6 mm breit, 20 cm lang
- Silberdraht, ø 0,5 mm
- Geldschein

1 Den Holzrahmen und die Zahlen mit Acrylfarbe bemalen und trocknen lassen. Den Motivkarton auf die Größe des Rahmens zuschneiden und einrahmen. Die Zahlen mit Heißkleber wie in der Abbildung auf den Motivkarton kleben.

2 Den Geldschein falten (siehe Seite 3) und mit doppelseitigem Klebeband in der Mitte der Zahlen befestigen. Auf den Tonpapierstreifen „Damit Du nicht in die roten Zahlen kommst" schreiben. Den Streifen auf Schreibmaschinenpapier aufkleben und so ausschneiden, dass ringsherum ein kleiner weißer Rand übersteht.

3 Das Organzaband zu einer einfachen Kragenschleife legen und mit Silberdraht am Kreuzpunkt abbinden (siehe Zeichung). An einem Drahtende den Schriftzug befestigen, das andere Ende abschneiden. Das Dekoband um die Mitte der Kragenschleife binden. Die fertige Schleife mit Heißkleber am Rahmen befestigen.

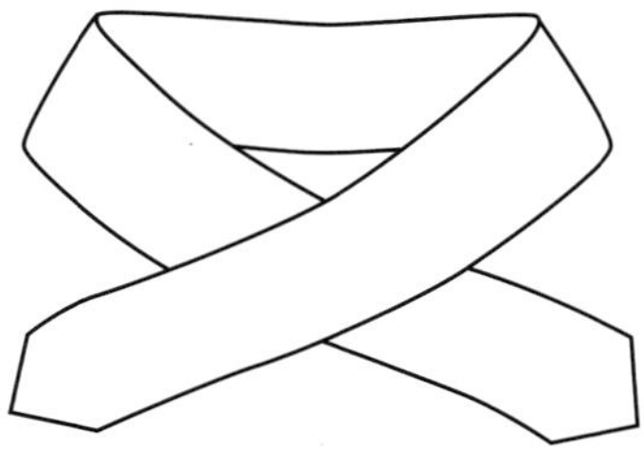

„Damit Du nicht in die roten Zahlen kommst"

Ein warmer Geldregen

→ erfreut das Portemonnaie

MATERIAL

- Regenschirm in Rot
- Fotokarton in Gelb, A3
- Fotokarton in Orange, Himmelblau und Königsblau, A4
- Fotokartonrest in Weiß
- Tonpapierstreifen in Gelb
- Wolle in Rot, 8 x 50 cm

VORLAGENBOGEN A+B

1 Die Vorlagen der Tropfen und der Sonne auf den Fotokarton übertragen (siehe Seite 2). Die Tropfen- und die Sonnenteile ausschneiden und aufeinanderkleben. Die Sonne mit doppelseitigem Klebeband auf dem Schirm befestigen.

2 Mit einer spitzen Schere kleine Löcher in das obere Ende der Tropfen stechen, den Wollfaden durchziehen und verknoten. Am anderen Ende einen aufgerollten oder gefalteten Geldschein (siehe Seite 3) befestigen. Die Wollfäden an den Schutzkappen des Schirmgestänges festbinden. Auf den Tonpapierstreifen „Ein warmer Geldregen" schreiben und mit Klebeband am Schirm befestigen.

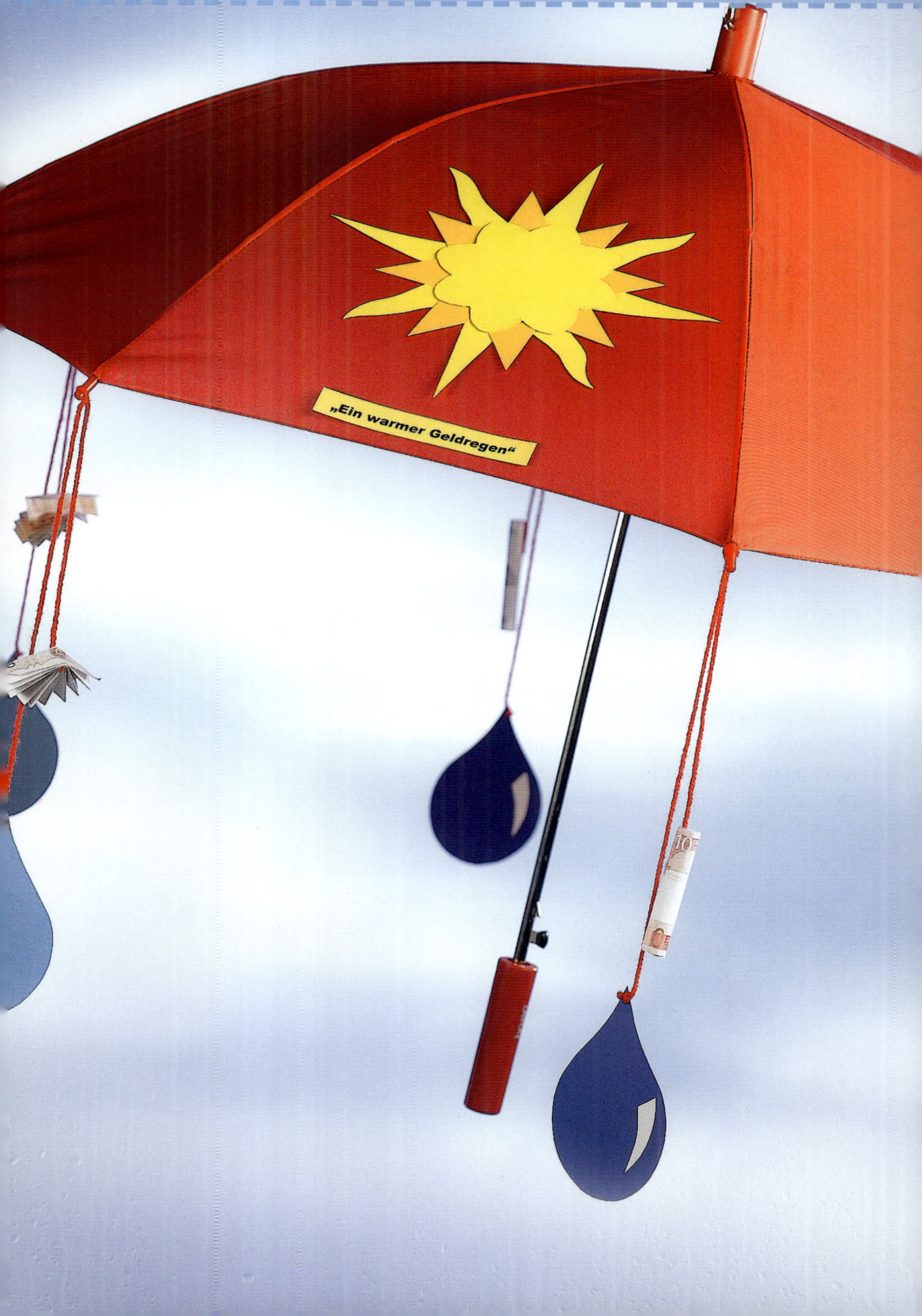
„Ein warmer Geldregen“

Zur Sicherheit für alle Fälle

→ kleiner Notgroschen

MATERIAL
- Holzrahmen, 28 cm x 22 cm
- Reisverschluß in Gelb, 12 cm lang
- Fotokarton in Aprikose, A4
- Tonpapierstreifen in Gelb
- Sicherheitsnadeln in Silber und Schwarz, verschiedene Größen
- Geldschein

1 Den Fotokarton auf die Größe des Rahmens zuschneiden und einrahmen. Den Geldschein so falten, dass er hinter den geöffneten Reißverschluss passt. Den Geldschein und den Reißverschluss mit doppelseitigem Klebeband auf dem Fotokarton fixieren. Die Sicherheitsnadeln am Reißverschluss befestigen.

2 Auf den Tonpapierstreifen „Zur Sicherheit für alle Fälle" schreiben und mit doppelseitigem Klebeband am Rahmen befestigen.

Zur Sicherheit für alle Fälle“

Um Träume zu spinnen

→ und zu erfüllen

1 Den Bilderrahmen mit Acrylfarbe bemalen und trocknen lassen. Den Fotokarton auf die Größe des Rahmens zuschneiden und einrahmen.

2 Das Spinnennetz mit Spinne auf den Rahmen kleben, den Geldschein mit doppelseitigem Klebeband darunter befestigen. Auf einen Streifen Schreibmaschinenpapier „Um Träume zu spinnen" schreiben, die Enden mit der Schneidefläche einer Schere einrollen und mit doppelseitigem Klebeband auf das Spinnennetz kleben.

Tipp: Das Spinnennetz können Sie auch selbst machen. Schneiden Sie vier gleich lange Wollfäden zu und binden Sie sie in der Mitte mit dem Ende eines langen Wollfadens zusammen. Es entstehen acht Spinnennetzfäden, die Sie gleichmäßig im Kreis verteilen und mit etwas Alleskleber auf dem Rahmen fixieren. Nun den langen Faden im Uhrzeigersinn spiralförmig auf die Wollfäden legen und an den Kreuzpunkten festkleben. Das Netz abschließen, indem der Faden an einem der Kreuzpunkte der vorherigen Runde festgeklebt und abgeschnitten wird.

MATERIAL

- Holzrahmen, 23 cm x 18 cm
- Acrylfarbe in Hellblau
- Fotokarton mit Wolkenmotiv, A4
- Spinne mit Spinnennetz
- Geldschein

„Um Träume zu spinnen“

Kröten kann man nie genug haben

→ origineller Geschenkteller

MATERIAL

- Metallteller, ø 33 cm
- Steine in verschiedenen Größen
- Keramikkröten in verschiedenen Farben und Größen
- Moos
- Geldscheine und Münzen

1 Das Moos auf dem Metallteller verteilen, die Steine dazwischenlegen und die Kröten platzieren. Steine und Kröten eventuell mit Heißkleber fixieren.

2 Den Geldschein wie auf Seite 3 beschrieben falten und mit doppelseitigem Klebeband auf den Steinen befestigen. Auf einen Streifen Schreibmaschinenpapier „Kröten kann man nie genug haben" schreiben und an einem Stein befestigen. Die Münzen verteilen, eventuell mit Klebeband fixieren.

Tipp: Statt der Keramikkröten können Sie auch Fruchtgummikröten verwenden.

„Kröten kann man nie genug haben“

Nützliche Hilfe

→ für ein ausgeglichenes Finanzmanagement

MATERIAL
TAFEL
- kleine Tafel
- Schwämmchen in Herzform
- Kreidestück
- Wollfaden in Rot, 45 cm lang
- Rundschraube
- Geldschein

ZEITUNG
- Zeitung
- Puppenbrille
- Marienkäfer aus Schokolade
- Dekoband in Rot, 2,5 cm breit, 1 m lang
- Geldschein

Tafel

1 Die Ringschraube oben links in den Holzrahmen der Tafel drehen. Mit dem Kreidestück den Text auf die Tafel schreiben. Den Wollfaden durch die Ringschraube ziehen und festknoten. An einem Ende das Schwämmchen, am anderen das Kreidestück befestigen.

2 Den Geldschein wie auf Seite 3 beschrieben falten und mit doppelseitigem Klebeband auf der Tafel befestigen.

Zeitung

1 Die Zeitung aufrollen und mit dem Dekoband zusammenbinden. Die Puppenbrille am Dekoband befestigen. Den Geldschein wie auf Seite 3 beschrieben falten und mit doppelseitigem Klebeband an der Zeitung festkleben.

2 Auf einen Streifen Schreibmaschinenpapier „Für einen besseren Durchblick" schreiben. Den Schriftzug und den Marienkäfer mit doppelseitigem Klebeband an der Zeitungsrolle befestigen.

DAMIT DU NICHT MEHR IN DER KREIDE STEHST
„Für einen besseren Durchblick"

Das Gelbe vom Ei

→ Was will man mehr?

1 Die Vertiefungen der Eierschachtel mit etwas Heu füllen. Die leeren Eierschalen gut säubern und trocknen lassen. Die Schalen in die Schachtel legen und mit gefalteten Geldscheinen (Anleitung siehe Seite 3) und Münzen füllen. Die Scheine und Münzen eventuell mit doppelseitigem Klebeband fixieren.

2 Das Dekoband vorn um die Eierschachtel binden. Auf einen Streifen Schreibmaschinenpapier „Das Gelbe vom Ei“ schreiben und mit doppelseitigem Klebeband im Deckel der Schachtel befestigen. Rechts und links einen Marienkäfer auf den Schriftzug kleben.

MATERIAL

- Eierschachtel
- 10 halbe Eierschalen
- Dekoband in Rot, 2,5 cm breit, 1 m lang
- 2 Marienkäfer aus Holz, ca. ø 1,5 cm
- Heu
- Geldscheine und Münzen

DIESES BUCH ENTHÄLT 1 VORLAGENBOGEN

IMPRESSUM

Danken möchte ich folgenden Firmen für ihre freundliche Unterstützung: Halbach Seidenbänder Vertrieb GmbH, Rayher Hobby GmbH, Glorex GmbH, Mapa GmbH, Carl Weilde KG.
FOTOS: frechverlag GmbH, 70499 Stuttgart; Fotostudio Ullrich & Co., Renningen
DRUCK: frechdruck GmbH, 70499 Stuttgart
LEKTORAT: Susanne Pypke, Melanie Zimmermann

Auflage: 7. 6. 5. 4. 3.
Jahr: 2013 2012 2011 2010 2009 [Letzte Zahlen maßgebend]

ISBN 978-3-7724-3573-7
Best.-Nr. 3573